AF554818

LA VIE
ET
MORT DE
MESSIRE NICOLAS DE VERDVN, CHEVALIER,

Conseiller du Roy en ses Conseils, & premier President en son Parlement de Paris.

A PARIS,
Chez IEAN BESSIN, ruë de Reins, prés le College.

M. DC. XXVII.

LA VIE ET MORT DE Meßire Nicolas de Verdun.

L'Excellance de la vertu a vn tel ascendant sur les cœurs & affections des hommes, que en tout lieu quelle paroist se fait admirer, cherir & honorer, forçant mesmes les consciences des haineurs & enuieux de la recognoistre & confesser estre telle comme elle esclatte. Que si les pleurs & larmes pouuoient quelque chose contre la mort, iamais ceux qui en sont doüez ne mouroient ; ou estás morts, ressusciteroient aussitost. Les Thoulouzains se ressouuiennent à combien grande deuotion fut par eux attenduë en leur ville l'arriuee de feu Mr. le premier President de Verdun, combien aises & contens d'auoir vn si excellent personnage & non autre, en leur Parlement, combien affectionnément ils en remercierent le feu Roy de leur auoir enuoyé: auec combien honorable accueil, ioye & applaudissement de tous il y fit son entree & reception, seulement induicts du rapport de sa suffisance qu'on leur en auoit faicte, & de l'opinion qu'ils en auoient ià conceuë. Que fut-ce doncques quand entré qu'il fut en ce Temple de Iustice second de la France, & assis en cest auguste tribunal donnant les essaiz & premiers auspices de son Office de premier President, qu'il vint à desployer les richesses de son sçauoir, de sa prudence & admirable intelligence des affaires, accompagnee d'vne singuliere candeur & bonté size sur son visage: que Messieurs les Conseillers & Aduocats & tous les assistans estonnez remarquerent aussi tost par ce seul eschantillon sa suffisance, & entreremt en vne certaine esperance ou plustost tres asseuree creance, qu'en l'administration de la Iustice & en chasque exercice de sa charge, il viendroit à surpasser mesme leur expectation, & en verroiét les effects, voire plus grands qu'ils n'en auroient conceuz, quoy que grandissimes comme dict est. Mais ie laisse la ce thresor des langues tant Grecqs que Latines, dont il monstra aussi-tost qu'il leur auoit apporté en son sein si riche, & plantureux qu'il sembloit auoir esté comme né & nourry au pays Datticque & Latin; Laissons ce Digeste, ce Code, ce Canon, dont il sçauoit par-cœur tous les tilrres, paragraphes, rubriques, antinomies, comme s'il en auoit esté le compositeur mesme; si est-ce que toute la iurisprudēce, toute la science & literature ne sert de riē à vn Iuge s'il ne la met en euidāce par l'vsage & pratique: Ce luy estoit vne grande perfection & aduantage, pour se faire estimer & aymer en ce dict Parlement de Thoulouse, auquel on se sert du droict escrit, d'estre comme vn Tribonianus, vn Bartolus, vn Baldus en la notice de l'vn & l'autre droict. Mais comme l'action est temeraire & perilleuse, sans la doctrine: aussi la doctrine est manqué sans l'action: combien grand Iusticier se monstra-il en la decision des procez, en ses Arrests & Sentences diffinitiues, par tant d'annees qu'il y a tenu les renes de la Iudicature, si admirablement

& notoirement equitables, que mesme la partie inuincee approuuoit sa perte de cause. Combien resolu& courageux fut il au chastiment & punitiõ des malfaicteurs? & ce d'vn zel si grand qu'il tiroit argent de sa propre bourse, & le donnoit au Preuost des Mareschaux pour aller à la chasse des voleurs, qui rodoient par les montaignes de ces quartiers là: Et apprehendez qu'ils estoiẽt, amenez, sãs acception de qualité, & personne les faisoit depescher, & en nettoyoit ainsi lespays, non sans mille benedictions qu'il en receuoit des Marchans, & voyagers. Les Poëtes disent que quand Astree la Vierge & fille de Iupiter, quittant la terre monta au Ciel, prit sa plaçe entre les Astres de la balance, & du Lion, donnans à entendre que ceste Astre; c'est à dire la Iustice, poiſe & examine egalement, & en iuſte poix le droict d'vn chacun, & ce accompagnee d'vne aſſeurance, hardieſſe, & force de Lion: neſtant intimidee de menaces des Grands, n'y de peril aucun qui luy pourroit ſuruenir de la part des puiſſans Seigneurs. Tel à deſcrit feu ce grand premier Preſident Horace.

Iuſtum & tenacem propoſiti virum
Non ciuium ardor praua iubentium,
Non vultus inſtantis tyranni &c.
Ode 3. lib. 3.

Et le ſage dit, Agonizare, *vſque ad mortem: certa pro iuſtitia: & Deus expugnabit pro te inimicos tuos. Eccleſ. 4.* Courage, faites bonne Iuſtice, iuſques à n'eſpargner voſtre propre vie: & Dieu vous garantira de vos ennemis: Auſſi dit le meſme en vn autre endroit. *Noli quærere fieri iudex, niſi valeas virtute irrumpere ini-*

quitates

quitates. ne forte extinescas faciem potentis cap. 7. Ne vous ingerez ja d'administrer cest Estat de iudicature, si vous ne vous sentez assez fort & courageux pour fracasser & exterminer les iniquitez des mal-viuans, si vous craignez la face renfroignée du Gentilhomme.

Or suiuant e la loy des 12. tables, *Domum cum laude redeunto.* qui ordonoit que les Magistrats qu'on enuoyoit pour gouuerner quelque Prouince, aduisassent de si bien s'acquiter de leur charge, qu'il en retournassent à leur louange & honneur. Ie ne puis mieux comparer le retour de mondict sieur le President, qu'il fit de Thoulouse, qu'à celuy de l'ancien Consul Romain, *Mutius Scæuola.* Qu'il fit de l'Asie, laquelle il gouuerna aueque vne telle vigilance, sagesse, moderation, & bonté tant au gré de tous, que les

Assiatiques tant de regrets qu'ils eurent de son depart, qu'ils ordonnerent qu'vne Feste solennelle seroit celebree en son honeur par chacun an, qu'on appelleroit de son nom Mutia. Diray-ie que feu mondict sieur premier President, meritat que les Thoulousains luy ordonnassent vne Feste, dicte de son nom Verduna, non mais trop-bien qu'ainsi que le Senat de Rome, ordonna que d'oresnauant, quand on enuoyeroit vn Gouuerneur en Asie, serbient couchez ces termes en l'acte de sa Commission. Et taschera de si comporter, *à l'exemple & imitation de Mutius Scæuola*, que pareillement son successeur se propose ce tres parfait & tres-beau miroir, ou il voye comme il se faut comporter en telle charge. Ce que l'on pourra dire à son futur successeur, de mesme en ce dur & pitoyable depart qu'il a faitpar sa mort qui tire tant de sanglots des poictrines, tant de larmes des yeux des gens de bien: se ressouuenans (comme il feront à iamais) comme il le faisoit beau voir & ouyr en ce S. & Auguste Areopage de Paris, assis sur son Tribunal au milieu de ses graues & sages Senateurs. Ainsi que ie me represente ces anciennes douze Effigies qui estoient iadis au Parlemẽt des Ægyptiens assises baissantes les yeux en leur sein: toutes manchottes n'ayant point de mains: pour donner à cognoistre, qu'il faut que l'esprit des Iuges soit rassis, posé, sage, prudent, non volage ny esgaré en leurs opinions, ne conuoitans de leurs yeux chose dont leur integrité puisse estre alterée comme Pericles remonstra à son Collegue, *At enim Sophocles, Prætorem decet non solum manus, sed etiam oculos abstinentes habere*, Cic. I. *Offic.* Il faut qu'vn Iuge, vn Preteur soit non corrompu de ses mains en prenant argent, mais non aussi de ses yeux, en conuoitant : Qu'iceux ne prennent aucun argent ny presens des parties, estant autrement vendre sa conscience, engager sa liberté & se faire serf de celuy de qui on a receu. Tel Iuge n'est plus à soy il n'a plus de voix libre. *Donum acceptum est tanquam authoramentum seruitutis , & sponsio quæ te obligat.* Or au millieu de sesdittes douze Effigies estoit pareillement assis le President, au col duquel estoit penduë vne riche medaille & en icelle grauee *VERITAS*, *Diodor. lib. 1.* ensemble huict liures des Loix à l'entour de luy. Voila l'image de mondit sieur de Verdun assis comme le Prince, & chef de ceste tant venerable compagnie, portant en son sein en son ame, non vne medaille de verité enrichie de saphirs

& diamans, mais la vraye Verité mesme verité de conscience, Verité d'equité & Iustice de discretion entre le vray & le faux, descouurant les piperies & fallaces de tant de chicaneries & cauillations qu'on inuente aux plaids & procez, C'estoit vn Aristides Athenien, vn Caton Romain, *veluti lex loquens* tel que doit estre vn Iuge, *cuius sententia vox erat Veritatis*, son arrest estoit tenu pour vne voix de la Verité, n'auoit que faire des liures des Loys en ses costez : il les auoit tous en sa memoire qu'il auoit diuine & excellente. Il n'y a tel expedient pour maintenir vn Estat que quand les Iuges ne sont pas moins apprehensifs de leur honneur & reputation, que sont les parties qui plaident de leurs biens & possessions. Sur tout il estoit zelateur de l'honneur de Dieu, pieux & deuot en ses prieres, oyant Messe assiduement, leué tous les iours à quatre heures du matin. Le Roy de Perse auoit vn Chambellan, qui tous les iours au matin le venoit esueiller en son lict, luy disant ces parolles, *Sire, leuez-vous*: Soignez & preuoyez aux affaires de vostre peuple duquel vous a estably gardien & protecteur le grand Dieu Mesoromasdes. Ainsi s'appelloit leur Dieu. Tel reueil matin auoit feu monsieur de Verdun, c'est à dire vn soin qui luy cornoit aux oreilles, qui l'aduertissoit d'estre soigneux & diligent en l'acquist de sa charge, & le roidissoit à vne genereuse & inuincible patience de tant de labeurs, fatigues & rompements de teste dont il estoit harassé à chacun heure, d'autant que les vertus estans confites en vn miel & douceur de debonnaireté, il se rendoit benin & affable aux plus petits, escoutoit vn chacun, ne rejettoit personne : Tant que comme la chandelle seruant à autruy vient à se consommer, ainsi ne faut douter que tant de peines, labeurs & sollicitudes qu'il prenoit pour le public ne l'ayent vsé imperceptiblement, & ne luy ayent abregé sa vie. Or combien il estoit aimé de tous, nous en auons ces deux iours l'experience par cette foulle admirable de peuple qui luy ont esté jetter de l'eau benifte sur son corps.

Qui bien aime tard oublie dit-on communement. Bien ont fait paroistre les Princes & grands Seigneurs & Dames de la Cour, qui luy sont venu faire ce mesme office de charité Chrestienne apres sa mort, aimé de tous, luy qui faisoit droit à tous & rendoit à vn chacun ce qui luy appartenoit, notamment le Magistrat que l'on remarque auoir l'ame genereuse espurée de conuoitise & d'auarice, & qui ne s'estudie à faire bource, attire & gaigne naturellement les cœurs & bien-vueillance d'vn peuple,

Qui non sperauit in thesauris pecuniæ, quis est

hic? & laudabimus eum. Fecit enim mirabilia in vita sua. C'est vne vertu rare : mais d'autant plus merite d'estre aimee, M. le premier President n'auoit point de mains pour prendre, mais plutost pour donner. Aussi paroist-il combien grand thresor il a laissé en terre, mais tres-grand en trouue-il maintenant au Ciel, thresor opulent de merites, bienfaits & vertus. Il a iugé droictement les pauures, les innocens, les vefues & orphelins : maintenant il comparoit & assiste au tribunal de Dieu, qui luy donne son arrest d'innocence. Il a fait eschange de son siege de la Cour terrestre, à vn siege de la Cour celeste : de ceste compagnie de Presidens & Conseillers, à la compagnie des Anges & bien-heureux : ses gages & pensions transitoires du Roy de France, à vn salaire & recompense eternelle payee de la main du Roy des Roys, son mortier à vne couronne de gloire immortelle. Sa maison de Charenton, quoy que magnifique, peinte, doree & delicieuse à vn Paradis, à ce Palais, & demeure des bien-heureux, qui luy sera vne habitation à iamais, bien plus richement ouurée.

FIN.

www.ingramcontent.com/pod-product-compliance
Lightning Source LLC
LaVergne TN
LVHW010411240826
846091LV00020B/3642